NOTICE
BIOGRAPHIQUE
ET
NÉCROLOGIQUE

Lue par M.  JEAN-BAPTISTE MIGNOT

SECRÉTAIRE DU CONSEIL DE FABRIQUE

DE SAINT-JOSEPH

DANS LA SÉANCE DU 6 FÉVRIER 1877.

LIMOGES
Mme J. DUMONT, Libraire-Éditeur
Place et rue Saint-Martial, 17.

1877

NOTICE
BIOGRAPHIQUE

ET

NÉCROLOGIQUE

Lue par M. JEAN-BAPTISTE MIGNOT

SECRÉTAIRE DU CONSEIL DE FABRIQUE

DE SAINT-JOSEPH

DANS LA SÉANCE DU 6 FÉVRIER 1877.

LIMOGES

Mme J. DUMONT, Libraire-Éditeur

Place et rue Saint-Martial, 17.

—

1877

Messieurs et chers collègues,

Permettez-moi avant de passer à l'examen de la question à l'ordre du jour, de vous dire que le conseil de la fabrique de Saint-Joseph, institué depuis peu d'années, n'a pas tardé, quoique jeune encore, à recevoir un de ces coups qui jettent le deuil dans les familles comme dans les corporations, et qui a occasionné la perte prématurée de notre regretté président, monsieur François-Xavier Robert.

J'ai la confiance, Messieurs, d'être l'interprète fidèle des sentiments de tous les membres du conseil de fabrique, en affirmant que la mort de

Mr Robert nous a inspiré de douloureux et vifs regrets.

Mais, Messieurs, après avoir adressé à Mr Robert l'expression de nos sentiments d'estime et de bonne confraternité, il nous incombe un gracieux devoir : celui de raconter brièvement, mais cordialement, les principaux événements de sa vie, et qui constituent ses droits à notre admiration et à nos sympathies.

Votre secrétaire, à qui revient aujourd'hui ce périlleux honneur d'en parler en votre nom, accomplira-t-il cette tâche aussi parfaitement que vous pourriez l'exiger ? — Il en doute. — C'est pourquoi il se retourne vers vous le regard humble et suppliant pour solliciter la même indulgence qui vous animait quand vous lui conférâtes une charge dont il se sentait indigne et qu'il a acceptée par soumission et par reconnaissance à la bienveillance irrécusable dont vous le favorisiez.

Or, Messieurs, le cadre que je me suis tracé en cette occasion, étant restreint à une simple notice, je ne vous ferai pas conséquemment une longue description.

Je vous dirai en peu de mots que Mr Robert, notre président, est entré dans la carrière des affaires avec un mince bagage, et que par son travail, son ordre et sa sollicitude pour les intérêts qui lui étaient confiés, il est parvenu à acquérir, avec la fortune, la considération de tous ceux avec qui il avait été en relation. Mais, Messieurs, au moment où Mr Robert pouvait se reposer et jouir paisiblement du fruit de ses labeurs, un épouvantable malheur vint brusquement fondre sur lui ; voici comment :

Il avait un fils que lui et Mme Robert, sa vertueuse et fidèle compagne, avaient élevé dans des sentiments religieux, et à qui Mr Robert destinait sa charge d'avoué qu'il croyait héréditaire dans sa famille, tant il avait l'amour de sa profession. Ce fils, objet de leur tendresse et de leurs espérances, venait de terminer ses études et se préparait à occuper la charge de son père, quand une maladie cruelle le livra inopinément à la mort, en renversant des projets fondés sur la sagesse humaine, mais que hélas ! la sagesse divine ne permit pas à Mr et à Mme Robert de réaliser.

Ce fut, Messieurs, pour notre président un coup terrible dont la douleur ne peut être exprimée que par ceux qui en ont été frappés.

Il restait cependant à Mr Robert une fille dont le cœur avait été excessivement contristé par la mort d'un frère qu'elle aimait éperdument, et qui par sa piété filiale faisait tous ses efforts pour adoucir les amertumes et les douleurs de ses parents avec lesquels elle se trouvait aussi en communauté de souffrances.

Mais si l'affection et le dévouement de cette généreuse et pieuse fille calmaient les chagrins d'un père et d'une mère éplorés, ils ne les dissipaient pas entièrement.

Et c'est alors que Mr Robert s'adonna complètement aux méditations et aux pratiques religieuses, seules capables de lui donner la vraie consolation qu'il aurait vainement cherchée ailleurs — car il venait d'acquérir l'expérience que sans Dieu l'homme n'est rien — et qu'avec l'aide de Dieu, sans jamais pouvoir cependant aspirer à devenir une puissance, il acquiert une force qui ne l'exempte pas de revers — la Providence ne le permet pas — mais qui lui fait supporter avec calme et résignation l'effroyable cortége des misères et des souffrances qui accompagnent l'homme dans tous les sentiers de la vie.

Ces sages méditations fortifièrent la foi de Mr Robert, et son zèle pour tout ce qui concernait la religion s'accrut dans une égale proportion. Peut être aussi qu'elles lui donnèrent le pressentiment que pour lui la coupe des amertumes n'était pas vidée, et que dès lors il lui fallait encore puiser à la source des grâces des forces nouvelles pour supporter d'autres revers. Quoiqu'il en soit, Messieurs, de ces considérations et du degré particulier d'influence qu'elles peuvent avoir exercé sur l'esprit éminemment judicieux de Mr Robert, il s'en dégage un fait essentiel bon à enregistrer : c'est qu'à ce moment il s'était voué tout à Dieu, tout à l'Eglise.

Aussi, ce fut pour lui une bien grande joie d'apprendre que notre ancienne paroisse de Saint-Michel allait être scindée en raison de sa trop grande étendue et de sa trop nombreuse population.

Il était enchanté de cet événement dû à la ferme et puissante initiative de Monseigneur l'Evêque de Limoges, dont le nom sera béni et honoré de la postérité — et qui a si bien compris que malgré le zèle, l'incessant dévouement et l'infatigable activité des honorables ecclésiastiques qui administraient cette paroisse, il leur était impossible de donner les instructions, les secours et les consolations religieuses à une aussi considérable population — et pour compléter ma pensée, je dirai que Mʳ Robert était vraiment heureux de voir de nouvelles églises au service de ces vaillants et laborieux habitants qui par leur éloignement de Saint-Michel ne pouvaient pas la plupart du temps assister aux saints offices, faute d'établissements à leur portée.

Cependant dans la manifestation de son enthousiasme il employait une très-grande circonspection, dans la crainte de blesser la susceptibilité des personnes qui, par une erreur de bonne foi, ou exposées à rompre avec d'anciennes et respectables habitudes, ne pensaient pas et n'appréciaient pas comme lui les bienfaits que produiraient, au point de vue de l'intérêt général, les nouvelles églises sur l'esprit de la population des faubourgs, où la notion des principes qui conduisent à la vertu est souvent ignorée, ou abandonnée pour faire place aux doctrines malsaines du panthéisme moderne.

Quand cette bienfaisante décision, qui, je le répète, fait le plus grand honneur à notre illustre Prélat, fut arrêtée et proclamée, Mr Laplagne, notre cher et bien aimé curé, ne tarda pas à distinguer en Mr Robert les qualitées qui font les bons serviteurs — parmi lesquels, Messieurs, vous comptez également — puisque notre bienveillant curé, en vous portant sur la liste des candidats que devait agréer Monseigneur pour la formation de son conseil de fabrique, vous témoignait par cela même, avec la haute et insigne sanction de son Evêque, qu'en vous associant à cette administration temporelle, il partageait entre vous son affection et sa confiance.

Plus tard, je veux dire quelques jours après,

nous étions réunis chez monsieur le Curé, et c'est dans cette réunion de famille dont nous n'avons pas perdu le souvenir, que sous le regard radieux et paternel de notre premier Pasteur, nous acclamâmes dans un élan de confraternelle satisfaction, M{^{r}} Robert président de notre conseil. Vous vous souvenez encore, Messieurs — car on aime à retenir religieusement tout ce qui émane d'un si vénérable vieillard — vous vous souvenez encore, dis-je, de ces accents émus et touchants avec lesquels il vous remerciait de l'honneur qu'il venait de recevoir, et dont il était digne à tous égards.

Maintenant, Messieurs, une courte description sur le caractère de M{^{r}} Robert devient indispensable pour compléter cette notice, et trouve ici sa place.

Je vous dirai donc que notre président, sous les traits graves d'une physionomie où se reflétait un air de bonté, était simple et modeste, sans vanité et sans orgueil, obligeant, accessible à tous ceux qui recouraient à ses bons et très-conciliants offices. Son langage, empreint d'un certain laconisme un peu sentencieux, dénotait l'homme réfléchi qui élude les discours futiles, mais qui pourtant ne dédaigne pas les traits d'esprit. Vous l'avez même vu, Messieurs, dans ce que j'appellerai respectueusement ses bons moments, après avoir soutenu une discussion avec toute la gravité et l'attention qu'elle comportait, terminer ses entretiens par un bon mot.

Il ne faudrait pas non plus trop s'étonner de ce que Mr Robert, qui par la fréquentation des tribunaux s'était façonné à l'école de la magistrature française, obéit à une impulsion irrésistible de voir observer dans toutes les corporations, comme on les observe dans l'armée et les diverses branches d'administration, la discipline et la hiérarchie qui assurent dans la société et dans les familles, l'ordre, le respect et l'harmonie.

Mr Robert possédait enfin toutes les qualités du cœur ; il était bon, généreux et affectueux, sans vouloir en faire parade. Et je n'oublierai jamais le témoignage d'affection qu'il me donna en me recommandant à vos confiants suffrages pour lui adjoindre un collaborateur qu'il avait connu petit enfant et qu'il désirait pour secrétaire. Vous déférâtes, Messieurs, à ce désir d'une manière si gracieuse, que je ne trouve aucune expression assez éloquente pour vous manifester ma reconnaissance.

Eh bien, Messieurs, c'est pendant que M' Robert s'adonnait à l'innocent plaisir d'utiliser son zèle et sa sollicitude pour les intérêts de sa nouvelle paroisse qu'il avait si spontanément et si affectueusement adoptée; c'est après avoir souscrit généreusement pour la construction de l'église définitive à laquelle il réservait d'autres largesses; c'est enfin au moment où M' Robert, dont le cœur avait été éprouvé et brisé par le malheur, goûtait cette quiétude d'esprit que procurent toujours les bonnes œuvres, qu'il fut de nouveau frappé d'un effroyable coup!... Dans le cours de la dernière année de sa vie, il perdit son petit fils, élève au lycée de Limoges.

Malgré ce terrible revers, M' Robert voulut se montrer ferme et inébranlable comme sa foi. Mais pareil au soldat frappé d'un coup mortel sur le champ de bataille et qui dans l'ardeur de son patriotisme résiste quelque temps sans ressentir les étreintes de la mort, puis succombe, Mr Robert, dissimulant le mal qui l'avait si profondément blessé, résista quelques mois, et finit par s'éteindre le 27 novembre 1876, dans la résignation et l'amour de Dieu, et en expirant il tourna son regard vers le ciel, terme et récompense des peines et des douleurs chrétiennement supportées durant la vie.

Avant de terminer, Messieurs, transportons-nous par la pensée dans la demeure qu'habitait Mr Robert et où naguère sa présence donnait une joie désormais perdue, et dans cet asile, devenu si triste hélas ! et où Mme Robert, âme forte et disposée à tous les sacrifices, verse encore silencieusement des larmes, adressons à la famille Robert nos plus cordiales condoléances, et faisons des vœux pour qu'elles contribuent à la consoler.

Après vous avoir fait le tableau de tant de deuil et de tristesses, Messieurs, laissez-moi vous convier respectueusement à déposer sur la tombe de Mr Robert, l'hommage de nos sentiments d'estime et de confraternelle sympathie.

Et devant cette dépouille froide et vénérée que l'écho de nos chaleureux accents fera tressaillir, disons à notre président que nous n'oublierons jamais ceux qui nous précèdent dans l'éternité, et que dès ce jour nous inaugurons l'œuvre de redire à la postérité combien ils nous ont été chers, combien leur séparation nous cause de regrets, et que leur mémoire sera honorée et perpétuée par le culte d'une pieuse tradition.

J.-B. MIGNOT.

Typog. Mme J. Dumont, place Saint-Martial, Limoges.

Imprimerie Mme J. Dumont, place St-Martial, Limoges.

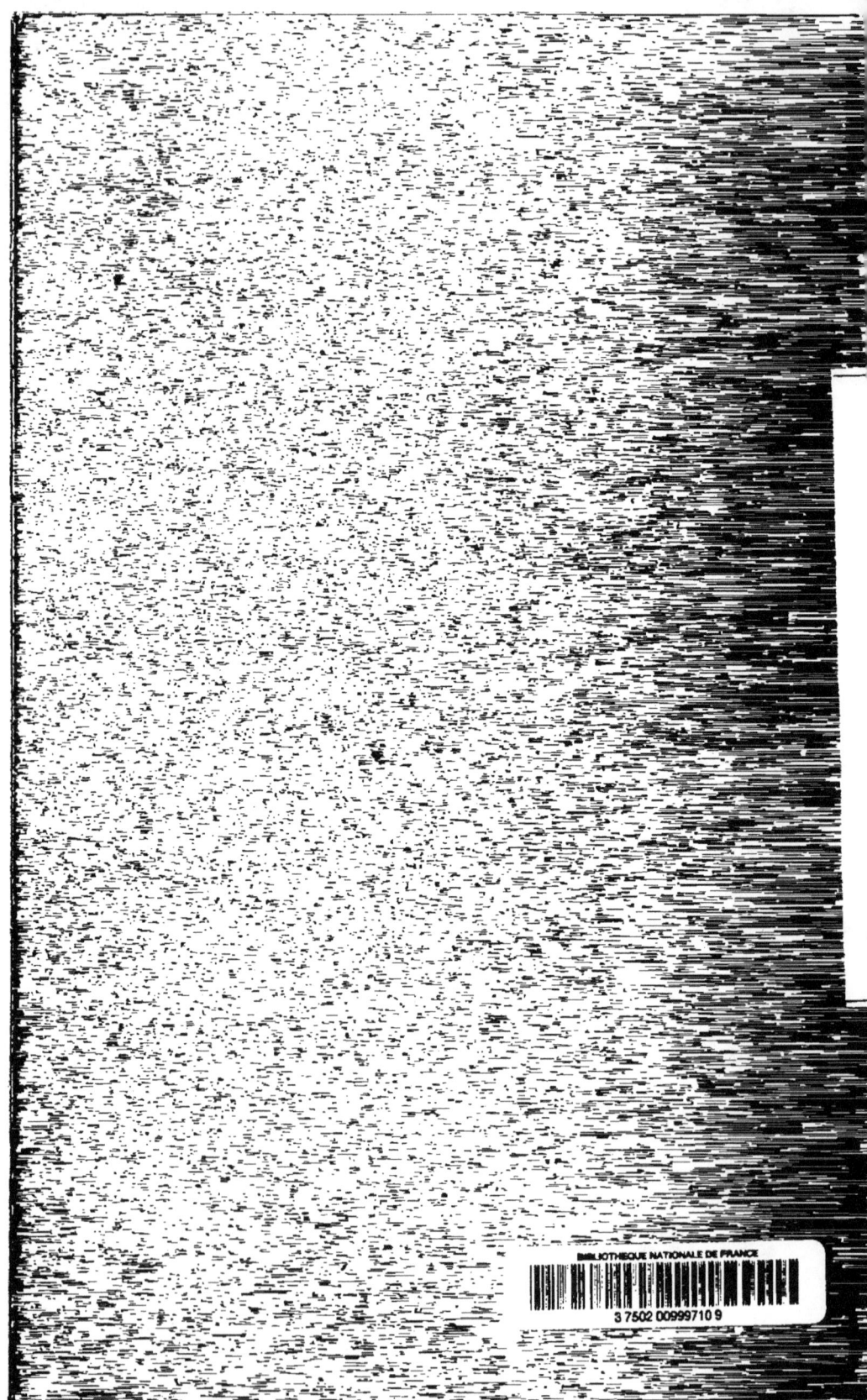